Timo
et la douce lumière blanche

Margreet Meijer
Kaly Cotteleer

Ecrit par:
Margreet Meijer
Aumônière
Pays Bas

Illustré par:
Kaly Cotteleer
Thérapeute artistique
Belgique

Traduit du Néerlandais par:
Daniel Taggak Arnatsiaq
France

Publié par:
Graviant educational publications, Doetinchem, Pays Bas.

ISBN: 9789492593375

Et le prophète disait:
' Vous souhaitez connaître le secret de la mort,
mais comment pouvez- vous le trouver,
autrement qu'au cœur de la vie?'

Tireé de: 'Le prophète' de Kahlil Gibran

C'est l'automne.

Timo et grand-père sont dans la forêt.

Aujourd'hui, grand-père s'occupe de Timo.

'Tiens- le bien, Timo', dit grand-père.

' Ensemble, nous ferons s'envoler le cerf-volant.

Le vent l'emmène,

très haut dans le ciel.'

Doudou est là aussi.

Il tire sur la corde.

Très bien Doudou,

le cerf-volant rejoint les nuages.

Timo et grand-père sont fatigués de leurs efforts.

Ils sont rentrés à la maison.

Près de la fenêtre se trouve le grand fauteuil de grand-père.

Un merle regarde au travers de la fenêtre,

Il voit Timo et grand-père et tous leurs câlins.

' Viens t'asseoir à côté de moi', dit grand-père.

Il raconte une belle histoire à Timo.

Timo caresse doucement le pull tout doux de grand-père

et il fait des chatouilles à sa barbe.

C'est une chouette journée.

Grand-père est tombé malade.

Le docteur dit

qu'il doit aller à l'hôpital.

Timo, papa et maman

vont lui rendre visite.

Doudou est assis sur l'épaule de Timo,

proche de son oreille.

Il murmure: 'J'ai peur de cet endroit.'

'Mais non', dit Timo,

' Il ne faut pas avoir peur,

nous sommes ensemble',

dit-il, en rassurant Doudou.

À l'hôpital, grand-père est allongé dans un grand lit.

Il ne porte pas son grand pull doux. Sur son ventre, il y a une couverture.

Il parle tout doucement. Presque aussi bas que Doudou.

'Bonjour mes chéris', dit-il. 'Que c'est chouette que vous soyez là.'

Timo regarde grand-père dans le grand lit.

Doudou regarde en-dessous du lit.

'J'ai une idée', dit Doudou. 'Viens.'

Timo et Doudou plongent en dessous.

Est-ce que le lit est un palais? Est-ce que grand-père est un roi?

Timo et Doudou sont les chevaliers qui gardent le palais.

Attention, nous devons bien protéger le roi!

Prends ton épée et fais partir le danger!

Papa soulève Timo et l'amène vers grand-père.

'Mon petit Timo', dit grand-père tout doucement.

'Je suis très malade. Mon corps est vieux. Je pense que je vais mourir bientôt.'

Timo est très silencieux.

Il voit le visage de son grand-père, ses lunettes et son regard bien veillant.

Il met sa main dans sa poche. Il trouve le plus beau marron de la forêt.

'Pour toi, grand-père.'

Timo fait un très gros câlin à grand-père.

Grand-père rit et dit: 'Tu es mon gentil petit garçon. Pour toujours.'

Grand-père est tellement malade et fatigué.

Ses yeux se referment.

Au revoir, grand-père, dors bien.

Reste au lit, à l'hôpital.

Le docteur et l'infirmière vont prendre soin de toi.

Plus tard, Timo va dormir aussi, à la maison, dans son propre lit.

Timo est dans son lit, bien au chaud.

Il rêve.

Il vole dans le ciel,

avec grand-père.

Ils vont de plus en plus haut,

encore plus haut que les nuages.

Doudou les accompagne.

Timo se réveille.

Maman et papa sont tristes.

'Que se passe-t-il?' demande Timo.

'Viens avec nous, mon chéri',

disent papa et maman.

'Cette nuit, grand-père est décédé.

Un ange est venu le chercher

et il l'a emmené vers la douce lumière blanche.'

Où est Timo?

Timo a pris peur.

Il s'est caché.

Il est derrière le rideau.

Est-ce que tu vois ses orteils ?

Sors de là, Timo,

on t'a vu.

Voilà Timo, ouf!

Il veut aller voir grand-père.

Il prend son vélo rouge.

Doudou vient aussi.

Tu te tiens bien, Doudou ? On part en voyage.

Timo sait très bien faire du vélo. Il pédale et pédale, et les roues tournent et tournent.

Ils quittent le jardin, roulent sur le trottoir, passant devant toutes les maisons,

jusqu'au bout de la rue,

là où la forêt commence.

Timo va aussi vite qu'il le peut.

Timo et Doudou, où allez-vous?

'Timo, où es-tu?'

Voilà maman. Elle a trouvé Timo.

'J'ai des marrons', dit-il.

'Ils sont pour grand-père, dans le pays de lumière.'

'Oh, mon cher Timo', dit maman. 'Viens près de moi.'

Maman serre Timo bien fort dans ses bras.

Comme ça, il est bien près d'elle.

Timo se rapproche le plus possible.

'Je veux aller voir grand-père.'

Maman caresse doucement la tête de Timo.

'Ce n'est pas possible, Timo,

la vie de grand-père près de nous est finie.

Son corps était vieux et malade.

Il ne peut plus être ici.

Mais la lumière est toujours ici, pour nous tous.

Et elle sera ici pour t'aider à devenir un grand garçon.'

'Nous allons trouver un bel endroit pour grand-père.
Il va y être enterré.'

Timo amène ses marrons
avec maman au cimetière.
Vers la tombe de grand-père
il creuse un grand trou.
Tous les marrons peuvent aller dans la terre.
Comme ça ils pourront grandir,
et devenir un grand arbre fort.

C'est l'hiver.

Tout est calme et paisible.

Sur une branche se pose un merle.

Écoute, il chante sa chanson dans le vent.

Une chanson sur la douce lumière blanche,

sur le gentil grand-père de Timo.

Et sur Timo,

qui deviendra un grand garçon.

C'est le printemps.
Tout pousse et est en fleur.
Timo aussi a grandi.
Il ne cherche plus son grand-père.
Il regarde autour de lui. Il sent grand-père partout:
dans le marronnier, dans le papillon, dans le vent.

Mais surtout en lui-même.
Quand il pense aux gentils yeux doux de grand-père.
Quand il pense aux journées de faire du cerf-volant avec grand-père,
ou quand il pense aux jolies histoires dans le grand fauteuil.

Quand il pense à grand-père, il le sent tout proche.
Aussi proche que possible.
Tout comme la douce lumière blanche.

Perte et deuil

Quand des enfants sont confrontés à la mort, nous, les adultes, nous sommes souvent dépourvus de mots adaptés. Cela nous touche car nous sommes confrontés à notre propre incertitude, à nos propres questionnements sur la vie et la mort, en accord ou non avec notre éducation religieuse.

Dans 'Timo et la douce lumière blanche', le sujet est vu à travers les yeux du jeune enfant. Ce livre ne donne pas de réponse toute faite ni de faits sur le processus de la mort. L'histoire de Timo se veut ouverte et illustre la façon dont l'enfant vit ce qui se passe, laissant la place à des points de vue religieux sur la vie et la mort. Ainsi il est possible de prendre le livre comme un début d'échange et chacun peut approfondir à souhait le thème de ce que nous pouvons appeler 'le secret de la vie.'

Les enfants ont des façons différentes de digérer la perte d'un être proche mais ne peuvent pas forcément comprendre l'impact que représente la mort, et l'au-revoir pour toujours. On est parfois étonné de la rapidité avec laquelle les enfants repassent au quotidien et au moment présent, mais un enfant peut aussi être inconsolable. Si des adultes montrent que la tristesse peut avoir sa place, et que des questions peuvent être posées, l'enfant se sentira en sécurité et sera rassuré.

Timo trouve de la consolation auprès de ses parents, et dans sa connexion avec la nature. Il ressent une profonde force de la nature qui va au-delà de la mort. Cela l'aide à avancer, à jouer et à devenir 'un grand garçon.'

www.ingramcontent.com/pod-product-compliance
Lightning Source LLC
Chambersburg PA
CBHW040453100426

42813CB00021BA/2985

9 789492 593375